Gu,

Mise en place d'un controleur de domaine sous MDS 5

Guy Mefenza Zebaze

Mise en place d'un controleur de domaine sous MDS 5

Projet réalisé à SETRA sous la tutelle académique de l'IUT de Douala - Cameroun

Éditions universitaires européennes

Mentions légales / Imprint (applicable pour l'Allemagne seulement / only for Germany)
Information bibliographique publiée par la Deutsche Nationalbibliothek: La Deutsche Nationalbibliothek inscrit cette publication à la Deutsche Nationalbibliografie; des données bibliographiques détaillées sont disponibles sur internet à l'adresse http://dnb.d-nb.de.
Toutes marques et noms de produits mentionnés dans ce livre demeurent sous la protection des marques, des marques déposées et des brevets, et sont des marques ou des marques déposées de leurs détenteurs respectifs. L'utilisation des marques, noms de produits, noms communs, noms commerciaux, descriptions de produits, etc, même sans qu'ils soient mentionnés de façon particulière dans ce livre ne signifie en aucune façon que ces noms peuvent être utilisés sans restriction à l'égard de la législation pour la protection des marques et des marques déposées et pourraient donc être utilisés par quiconque.

Photo de la couverture: www.ingimage.com

Editeur: Éditions universitaires européennes est une marque déposée de
Südwestdeutscher Verlag für Hochschulschriften GmbH & Co. KG
Heinrich-Böcking-Str. 6-8, 66121 Sarrebruck, Allemagne
Téléphone +49 681 37 20 271-1, Fax +49 681 37 20 271-0
Email: info@editions-ue.com

Produit en Allemagne:
Schaltungsdienst Lange o.H.G., Berlin
Books on Demand GmbH, Norderstedt
Reha GmbH, Saarbrücken
Amazon Distribution GmbH, Leipzig
ISBN: 978-3-8381-8171-4

Imprint (only for USA, GB)
Bibliographic information published by the Deutsche Nationalbibliothek: The Deutsche Nationalbibliothek lists this publication in the Deutsche Nationalbibliografie; detailed bibliographic data are available in the Internet at http://dnb.d-nb.de.
Any brand names and product names mentioned in this book are subject to trademark, brand or patent protection and are trademarks or registered trademarks of their respective holders. The use of brand names, product names, common names, trade names, product descriptions etc. even without a particular marking in this works is in no way to be construed to mean that such names may be regarded as unrestricted in respect of trademark and brand protection legislation and could thus be used by anyone.

Cover image: www.ingimage.com

Publisher: Éditions universitaires européennes is an imprint of the publishing house
Südwestdeutscher Verlag für Hochschulschriften GmbH & Co. KG
Heinrich-Böcking-Str. 6-8, 66121 Saarbrücken, Germany
Phone +49 681 37 20 271-1, Fax +49 681 37 20 271-0
Email: info@editions-ue.com

Printed in the U.S.A.
Printed in the U.K. by (see last page)
ISBN: 978-3-8381-8171-4

MISE EN PLACE D'UN CONTROLEUR DE DOMAINE SOUS
MANDRIVA DIRECTORY SERVER 5

A ma mère :

Maman SONKENG Jeannette

« Rien ne vaut l'amour d'une mère …»

REMERCIEMENTS

Je remercie tous mes enseignants et plus particulièrement :

- Mr Jean Armand YOMBI pour son encadrement ;
- Mr Bikeli ELENGUE pour son assistance et sa disponibilité ;
- Mr Mathieu ABENE pour son assistance tout au long de notre formation ;

Je remercie également mes parents, frères et sœurs :

- Mr Léopold METANGMO ;
- Mr & Mme NANFACK ;
- Mr & Mme TEINKELA ;
- Mlle Reine Eugénie SOBZU qui se reconnaitra dans tous ce quelle fait pour moi ;
- Mme Yvette MECHE ;
- Mme Eveline NGUIENANG ;
- Mr & Mme YAKEU ;
- Mme Carine TOWE ;
- Maa Rosine ;

Pour leurs conseils et soutien.

Je remercie aussi tout le personnel de la société SETRA pour leur encadrement et leur disponibilité,

Plus particulièrement :

- Mme Julie Philipe NYEMECK (Directrice Générale) ;
- Mr Alassa MFOUAPON (Chargé d'exploitation) ;
- Mr Jean Marie MBOUDOU ESSOMBA (Chargé des études);
- Mme Mbaye PENDA (Chargée des études assistante) ;

- Mr Galbert ESSOH NLOKA (Chargé de la logistique) ;
- Mr Joseph Christophe BUM BUM (Chargé de la logistique) ;
- Mr Boris FOM (Directeur technique);
- Mme Nadège MBIEDA (Assistante de direction).

Mes remerciements vont aussi à :

- Mr & Mme AKAMA (ECO-LOGISTIKS) ;
- Mr Emmanuel EBOA (ECO-LOGISTIKS) pour tous ses conseils ;
- Mr Thomas MONTCHIE pour son dévouement ;
- Mr Francis SIEWE ;
- Mr Alain Bernard TCHOUANKEU ;
- Mr Dominique KENGMOGNE sans qui je n'aurai jamais débuté cette formation ;
- Tous les CONSCIENTS ;
- Mes amis (es) : Léopold, Bel-Marc, Michelle, Gastien, Edimo, André, Severin, Lesly, Hervé, Pierre, Georges, Lisa, Natacha, Jean Claude.

A tout le département du Génie Informatique de l'IUT de Douala.

Recevez mes sincères remerciements.

TABLE DES MATIERES

Pages

PREFACE

INTRODUCION

Avec l'avènement des TIC, toutes les entreprises se doivent d'automatiser leur traitement des données pour s'attendre à de meilleurs résultats ; à cet effet l'installation d'un domaine devient indispensable dans la mesure où on veut gérer en même temps les données, les utilisateurs et les accès utilisateurs à ces données. C'est pourquoi dans ce cas il est recommandé la création d'un réseau informatique d'entreprise géré par un contrôleur de domaine. C'est dans cette optique qu'au cours de notre stage il nous a été demandé de mettre en place un contrôleur de domaine et gestion d'annuaire sous Mandriva Directory Server 5.

En effet Mandriva Directory Serveur (MDS) constitue la fondation du système de gestion des identités, de l'administration du service d'annuaire et de la gestion des services réseaux. La gestion des identités et des accès aux données devenant de plus en plus délicat, il était urgent de réfléchir à une solution qui corresponde aux exigences de l'entreprise en termes de cout et service rendu ; le choix aura donc été porté sur le Mandriva Directory Server 5 pour sa convivialité, son niveau de sécurité et sa flexibilité. A cet effet ils a nous donc été demandé de mettre en place un contrôleur de domaine sous Mandriva Directory Server 5.

Dans un premier temps il a été question de l'entreprise, les outils de travail et l'obtention du logiciel par téléchargement à partir d'un lien disponible dans le site internet de Mandriva ; après avoir téléchargé le logiciel nous l'avons fait graver sur un DVD Rom.

Nous avons ensuite installé le système sur un ordinateur choisi et respectant la configuration minimale.

Nous avons fait configuration de base après l'installation et ensuite nous avons fait les configurations avancées liées aux utilisateurs, aux données,

9

aux utilisateurs et la gestion du serveur.

Enfin nous avons comparé Mandriva Directory Server aux autres gestionnaires d'annuaires.

CHAPITRE 1 :

PRESENTATION

1.1. PRESENTATION DE L'ENTREPRISE

Créée en octobre 2000 à Douala, la SOCIETE D'ETUTE ET DES TRAVAUX est née des besoins pressant de AES Sonel d'étendre son réseau de distribution.

La SOCIETE D'ETUTE ET DES TRAVAUX opère entre autre ans les domaines suivants :

- La construction et l'entretient des lignes hautes tension ;
- Le BTP ;
- Les travaux d'entretien des pylônes de télécommunication.

Son siège social est situé à Douala et plus précisément au quartier Bonapriso.

1.2. PRESENTATION DES OUTILS DE TRAVAIL

Pour un meilleur traitement de ses données, la SOCIETE D'ETUTE ET TRAVAUX dispose d'un parc informatique composé de :

- 08 postes de travail client ;
- 01 serveur ;
- 02 imprimantes ;
- 01 routeur ADSL.

Les postes de travails client fonctionnent tous sous Windows XP alors que le serveur nouvellement installé fonctionne sous Mandriva Directory Server 5, le routeur sert de passerelle pour la connexion internet de l'entreprise et enfin concernant les imprimantes une gère exclusivement les travaux du bureau d'étude et l'autre ceux du reste de l'entreprise.

On ne saurait commencer ce travail sans parler en quelques mots de Linux et de l'environnement de travail en définissant quelques termes et expressions :

Les variantes de Linux : c'est l'assemblage d'un ensemble de logiciels autour d'un noyau Linux afin de fournir un système clé en main.

L'historique de Linux : En 1991, un jeune étudiant finlandais de l'Université de Helsinki, Linus Torvalds fit l'acquisition d'un 386 IBM et comme le système d'exploitation standard (MSDOS/Windows 3.1) ne lui convenait pas, il décide d'écrire lui-même une nouvelle monture d'UNIX (les versions d'UNIX disponibles à l'époque étant trop chères pour sa bourse). Afin de l'aider dans sa tâche, il fait appel à la bonne volonté d'autres programmeurs. Il se forme ainsi une équipe solide de programmeurs talentueux prête à relever ce défi monumental.

D'autres programmeurs rejoignirent le projet et l'union de leurs efforts donnait naissance à un noyau de système d'exploitation (un kernel) : Linux. Tous ces programmeurs et plusieurs autres du monde entier enrichirent le noyau de Linux, créant des logiciels, des outils pour faciliter l'installation du système, ceci engendra la naissance de différentes versions installables appelées distributions.

Trois ans après sa naissance, en 1994, la première version complète de Linux est offerte au grand public. C'était déjà un système d'exploitation prometteur, fonctionnant dans un espace mémoire très réduit (moins de 2Mo) à une vitesse phénoménale. Ce système, entièrement gratuit, possédait des fonctions dignes des systèmes d'exploitation valant des centaines de dollars.

En 1994, à l'apparition de la première version complète de Linux (version 1.0), il y avait environ 125 000 utilisateurs actifs de Linux. Trois ans plus tard, le nombre d'utilisateurs estimé est monté à 3 000 000 et ne cesse d'augmenter depuis.

Ce qui fait un des gros avantages de Linux, c'est la GPL (General Public Licence).

Cette licence régit un principe fondamental de l'esprit de Linux (qui doit être accepté par tout utilisateur), celui de la liberté du système d'exploitation et des logiciels. Ainsi, tout logiciel placé en GPL peut être copié, redistribué, modifié, trituré dans tous les sens à partir du moment où les sources sont disponibles gratuitement. Ce dernier point est très important, si vous modifiez les sources de Linux ou de tout logiciel en GPL, vous devrez livrer les fichiers sources modifiés avec vos nouveaux programmes ou tout du moins les rendre accessibles à quiconque en fait la demande.

Téléchargement : Transfert de programmes ou de données d'un ordinateur vers un autre.

Ftp : File transfert Protocol qui est un Protocol de communication qui permet de transférer des fichiers d'un ordinateur à un autre

Services d'annuaires : est un service de gestion d'une bibliothèque (imprimée ou électronique) mise à jour régulièrement qui regroupe des informations (nom, adresse, coordonnées, etc.) sur les membres d'une association, d'une entreprise ou d'un organisme professionnel, ou sur les abonnés à un service.

Domaine : c'est un ensemble d'ordinateurs connectés entre eux et possédant une caractéristique commune.

Mandriva Directory Server (MDS) : c'est une distribution de Linux qui a pour caractéristique principale la gestion des services d'annuaires pour une entreprise.

1.3. TELECHAGEMENT DES OUTILS DE TRAVAIL

Mandriva Directory Server 5 est une des distributions entreprise de Linux qui s'obtient par téléchargement d'une version test. Apres avoir rempli le formulaire de téléchargement (Figure 1) Mandriva Directory Server 5 est téléchargé à partir d'un lien ftp http://download.trial.mandriva.com/EnterpriseServer5/iso/updates/5.1/MES5-corporate-5.1-i586.iso présent dans le site internet de mandriva.

Figure 1.1 : **Formulaire à remplir pour accéder au téléchargement**

Une fois le lien ftp copié, il est utilisé pour télécharger MDS 5 à l'aide d'un utilitaire de téléchargement ; le fichier issu de téléchargement a une extension .iso ce qui fait de ce fichier une image de gravable. La gravure de ce fichier donne un DVD bootable de Mandriva Directory Server 5.

CHAPITRE 2 :

INSTALLATION DE

MANDRIVA DIRECTORY SERVER 5

2.1. Preinstallation

Insérez le CD/DVD Mandriva Enterprise Server 5 dans le lecteur CD/DVD de votre serveur. Démarrez celui-ci. Si le démarrage s'est bien effectué sur le support amovible, l'écran de la figure 2.1 apparaît. Sinon, modifier la séquence de démarrage définie dans le BIOS afin de définir le lecteur CD/DVD prioritaire (voir le manuel de votre matériel).

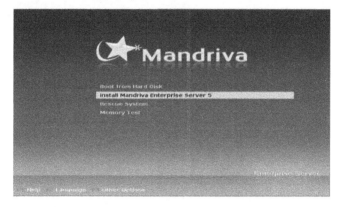

Figure 2.1 : Choix du type d'installation

Le lancement de l'installation se fait par défaut en mode graphique. Toutefois, vous pouvez passer en installation en mode texte. Tapez alors **Esc** avant le chargement de l'interface graphique.

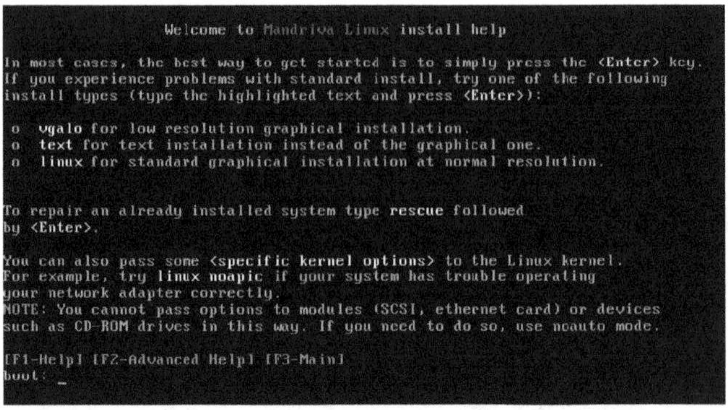

Figure 2.2 : Installation en mode console

L'écran de la figure 2.2 vous propose alors une interface en mode texte et la possibilité de définir des options spécifiques de démarrage. Les plus utilisés sont les suivantes :

• **vgalo :** si vous avez essayé une installation normale et qu'il vous a été impossible de voir l'interface graphique, vous pouvez essayer d'utiliser une résolution d'écran plus basse. Cela peut arriver avec certaines cartes graphiques, de sorte que Mandriva Linux vous donne la possibilité de contourner ce problème dû le plus souvent à des cartes obsolètes. Pour essayer l'installation en basse résolution, tapez vgalo à l'invite de commande.

• **text :** si vous utilisez une très vieille carte vidéo et que l'installation en mode graphique refuse de démarrer, le mode texte vous permettra de poursuivre l'installation.

• **Le mode noauto :** dans certains cas isolés, la détection du matériel peut bloquer le démarrage. Si cela arrive, vous pouvez ajouter le mot noauto comme paramètre pour que l'installation ne lance pas de détection matérielle. Mais sachez que vous devrez alors fournir l'ensemble des paramètres de votre matériel manuellement. Le paramètre noauto peut être utilisé conjointement aux modes précédents, vous pouvez donc spécifier vgalo noauto pour lancer une installation en basse résolution sans détection automatique du matériel.

• **options du noyau** : la grande majorité des machines n'ont pas besoin d'options spécifiques sur le noyau. Cependant du fait d'erreurs de conception ou de BIOS défectueux, certaines cartes mères ne reconnaissent pas correctement la quantité de mémoire installée. Si vous devez spécifier manuellement la quantité de RAM installée, utilisez l'option mem=xxxxM. Par exemple, pour démarrer une installation en mode standard sur un PC ayant 512 Mo de mémoire vive, entrez la commande Linux mem=512M. Vous pouvez également utiliser des paramètres comme noapic, nolapic pour gérer les problèmes liés aux interruptions ou aux modes de communication du processeur.

Le mode d'installation graphique a été choisi dans le cadre de ce rapport, par conséquent il se déroule ne plusieurs étapes dont :

2.2. Choix de la langue

La première étape consiste à choisir votre langue.

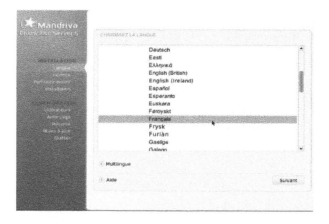

Figure 2.3 : **Choix de la langue par défaut**

Premièrement, ouvrez l'arborescence relative au continent sur lequel vous habitez, puis choisissez votre langue tel que indiqué sur l'écran de la figure 2.3.

Le choix de la langue sera appliqué au programme d'installation, à la documentation et au système en général. Utilisez la liste accessible par le bouton Multi langages pour choisir d'autres langues à installer sur votre poste. Ainsi, vous installerez toute la documentation et les applications nécessaires à l'utilisation de ces langues. Mais dans le cas présent la langue par défaut sera le Français.

L'installation de langues supplémentaires n'est pas limitée. On peut en choisir plusieurs, ou même les installer toutes en choisissant Toutes les langues. Choisir le support pour une langue signifie ajouter les traductions, les polices, correcteurs orthographiques, etc. Installez maintenant toutes les langues qui pourraient vous être utiles dans le futur. Il sera en effet difficile d'installer leur support par la suite, en dehors de l'installation initiale du système.

2.3. Licence de la distribution

Avant de continuer la procédure d'installation, il est recommandé de lire attentivement les termes et conditions d'utilisation de la licence. Celle-ci régit l'ensemble de la distribution Mandriva Linux. Si vous en acceptez tous les termes, cochez la case Accepter puis cliquez sur Suivant. Sinon, cliquez sur le bouton Quitter pour redémarrer votre ordinateur. La figure 2.4 ci-dessous illustre la présentation de la licence de distribution.

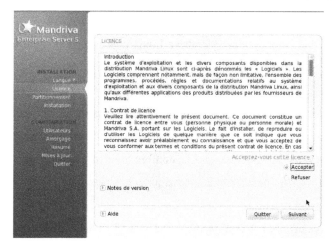

Figure 2.4 : **Validation du contrat de licence d'installation**

2.4. Classe d'installation

Cette étape s'affiche uniquement si une partition GNU/Linux préexistante est détectée sur votre machine.

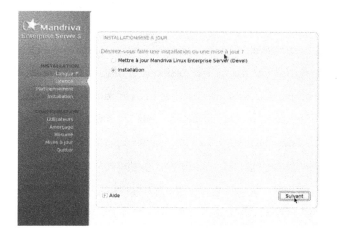

Figure 2.5 : **Classe d'installation**

DrakX doit maintenant savoir si vous désirez lancer une Installation ou une Mise à jour d'un système Mandriva Linux déjà installé comme indiqué à l'écran de la figure 2.5 :

Mise à jour

Cette classe d'installation vous permet uniquement de mettre à jour les paquetages qui composent votre système Mandriva Linux. Elle conserve les partitions existantes ainsi que la configuration des utilisateurs. La plupart des autres étapes d'une installation classique sont accessibles.

Installation

Cette option revient pratiquement à écraser l'ancien système. Cependant, selon votre table de partitions, vous pouvez éviter l'effacement de vos données existantes (notamment les répertoires /home).

2.5. Configuration du clavier

Selon la langue principale que vous avez choisie, DrakX sélectionne le clavier approprié. Vérifiez que cela correspond à votre configuration de clavier ou choisissez-en une autre dans la liste.

Cela dit, il est possible que vous ayez un clavier ne correspondant pas exactement à votre langue d'utilisation. Par exemple, si vous habitez le Québec et parlez le français et l'anglais, vous pouvez vous trouver dans la situation où votre langue et votre configuration de clavier ne sont pas les mêmes. Dans ces cas, cette étape vous permet de sélectionner un autre clavier à partir de la liste.

Cliquez sur Davantage pour voir toutes les options proposées.

Si vous choisissez un clavier basé sur un alphabet non latin, il vous sera demandé de choisir la combinaison de touches permettant d'alterner entre les configurations de clavier au prochain écran.

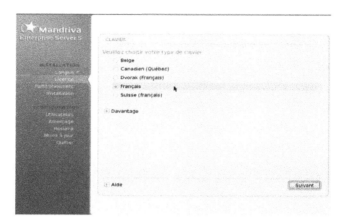

Figure 2.6 : Choix du clavier

2.6. Partitionnement

Figure 2.7 : Partitionnement

L'assistant dans un premier temps étudie votre système et vous propose plusieurs choix pour le partitionnement. Le but de ce partitionnement est de créer des partitions nécessaires pour l'installation de Mandriva Directory Server 5. Plusieurs choix sont proposés selon votre configuration. La capture d'écran de la figure 2.7 propose deux solutions, ce nombre peut varier selon votre système. Avant d'aller plus loin, nous allons expliciter les options proposées :

- *Utiliser l'espace disponible* : l'assistant a trouvé des partitions utilisables directement par Linux. Il peut donc s'en servir ce qui évite de créer de nouvelles partitions. Par contre, si ces partitions contiennent un système Linux que vous souhaitez conserver, il ne faut pas choisir cette option.

- *Effacer tout le disque* : assez explicite, ce choix conduira à effacer toutes les partitions du disque dur pour en créer de nouvelles pour Mandriva. Les nouvelles partitions (3) seront de taille adaptées choisies automatiquement par Mandriva. Cette option entraîne évidemment un effacement complet des données présentes sur le disque dur.

- *Utiliser l'espace libre sur la partition Windows* : vous avez Windows installé sur votre système sur une partition FAT32 ou NTFS. Pour installer Mandriva, il faut faire de la place pour créer les partitions nécessaires tout en conservant Windows. La partition Windows sera réduite selon la taille de votre choix et les partitions Linux créées dans l'espace libéré. Notez que si vous avez une partition Windows vide sur laquelle vous désirez installer Mandriva, il ne faut pas choisir cette option. En effet elle ne permet que de réduire une partition Windows et non la supprimer. Il faut en conséquence utiliser *Partitionnement personnalisé.*

- *Partitionnement personnalisé* : l'option la plus complète qui permet une maîtrise totale du partitionnement. Elle n'est pas simplement réservée à des spécialistes mais il faut garder à l'esprit qu'une erreur peut être fatale, c'est pourquoi il faut être rigoureux avec cette option qui reste néanmoins très éducative. Cette option est à choisir si vous voulez transformer une partition entière Windows pour installer Mandriva comme le montre l'écran de la figure 2.8.

Figure 2.8 : Option de partitionnement

Vous devez maintenant décider où installer Mandriva Linux sur votre disque dur. Partitionner un disque consiste à y effectuer des divisions logiques et, dans le cas qui nous concerne, créer l'espace requis pour l'installation de votre nouveau système Mandriva Linux.

Comme les effets du partitionnement sont irréversibles (l'ensemble du disque est effacé), cette étape est généralement intimidante et stressante pour un utilisateur inexpérimenté. Heureusement, un assistant a été prévu à cet effet. Avant de commencer, lisez la suite de ce document et surtout, prenez votre temps.

2.7. Choix des groupes de paquetages à installer

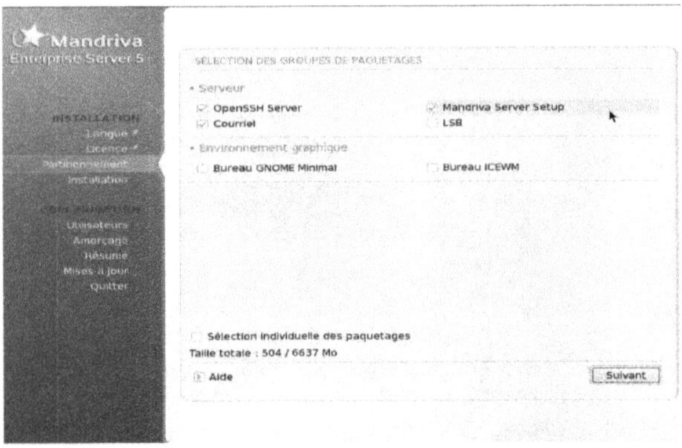

Figure 2.9 : **Choix des paquets à installer**

L'écran de la figure 2.9 montre ce que vous pouvez installer durant le processus d'installation détaillé ci dessous :

- Serveur : un serveur d'accès distant (OpenSSH) et un Mail Transport Agent (MTA) minimal (postfix) sont proposés.

Mandriva Server Setup (paquetage mmc-wizard) est l'assistant d'installation pour Mandriva Linux Enterprise Server. Il vous aidera à activer les piles dont vous avez besoin pour votre serveur à travers une interface web.

- Environnement graphique : par défaut, Mandriva Enterprise Server 5 propose d'installer un environnement graphique Gnome allégé. Vous pouvez également choisir un environnement encore plus léger tel que IceWM.

Vous pouvez enfin cocher l'option Sélection individuelle des paquetages. Cette option est utile si vous connaissez exactement le paquetage désiré ou si vous voulez avoir le contrôle total de votre installation.

Si vous avez démarré l'installation en mode mise à jour, vous pouvez désélectionner tous les groupes afin d'éviter l'installation de nouveaux programmes. Cette option est très utile pour restaurer un système défectueux ou le mettre à jour.

Installation minimale : Si vous désélectionnez tous les groupes lors d'une installation standard (en opposition à une mise à jour), une boîte de dialogue apparaîtra après avoir cliqué sur Suivant, et vous proposera différentes options pour une installation minimale

• Avec X : installe le moins de paquetages possibles pour avoir un environnement de travail graphique ;

• Avec la documentation de base : installe le système de base plus certains utilitaires de base et leur documentation. Cette installation est utilisable comme base pour monter un serveur ;

• Installation vraiment minimale : installe le strict minimum nécessaire pour obtenir un système GNU/Linux fonctionnel en ligne de commande. urpmi ne sera pas installé !

2.8. Ajout d'un utilisateur

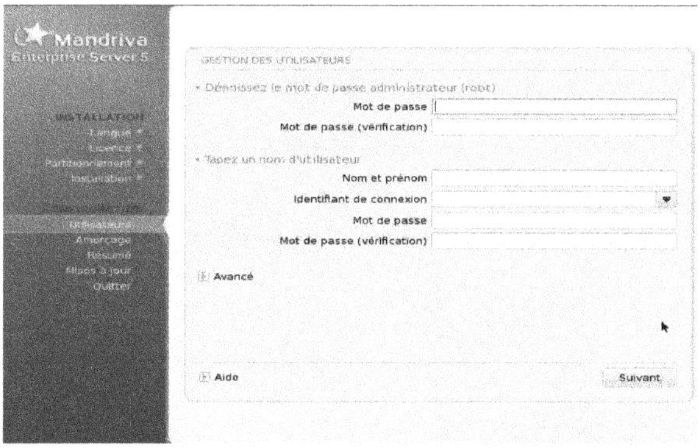

Figure 2.10 : Ajout d'un utilisateur au système

GNU/Linux est un système multiutilisateur, ce qui signifie généralement que chaque utilisateur peut avoir des préférences différentes, ses propres fichiers, etc. Contrairement à root qui a tous les droits, les utilisateurs que vous ajouterez n'auront que la permission d'agir sur leurs propres fichiers et la personnalisation de leurs applications. Ainsi les fichiers et configurations système sont implicitement protégés contre toute altération accidentelle ou intentionnelle.

Vous devez vous créer au moins un compte utilisateur pour vous-même, que vous utiliserez pour l'utilisation quotidienne du système. Car, bien qu'il soit pratique de se connecter en tant que root et avoir tous les accès, cette situation peut également engendrer des situations désastreuses si un fichier est détruit par inadvertance. Un utilisateur normal n'ayant pas accès aux fichiers sensibles ne peut causer de dommages majeurs.

Il faut d'abord entrer le vrai nom de la personne. DrakX prend le premier mot inséré et le transpose, en minuscule, dans le champ Nom de login. C'est le nom que l'usager doit utiliser pour se connecter au système. Entrez ensuite un mot de passe, deux fois (pour confirmation). Celui-ci n'est pas aussi crucial que le mot de passe de root, mais ce n'est pas une raison pour le négliger et utiliser un mot évident. Après tout, ceci mettrait vos fichiers en péril.

Après avoir cliqué sur Accepter l'utilisateur, il vous sera possible d'ajouter d'autres utilisateurs. Créez un utilisateur différent pour chaque personne devant utiliser votre ordinateur. Une fois chaque utilisateur défini, cliquez sur Suivant.

2.9. Installation du gestionnaire de démarrage

Figure 2.11 : Installation du gestionnaire de démarrage

Le gestionnaire de démarrage est un petit programme lancé par la machine à l'amorce. Il est en charge du démarrage du système. Normalement, l'installation d'un gestionnaire de démarrage est complètement automatique. DrakX analyse le secteur de démarrage (Master Boot Record ou MBR) et agit en fonction de ce qu'il peut y lire. Il vous demandera s'il doit remplacer le chargeur de démarrage. Généralement, le Premier secteur du disque (MBR) est l'endroit le plus sûr. L'écran de la figure 2.11 présente toutes les possibilités d'installation du gestionnaire de démarrage.

Choisissez Passer et aucun gestionnaire de démarrage ne sera installé. Utilisez cette option à vos risques et périls.

2.10. Résume de l'installation courante

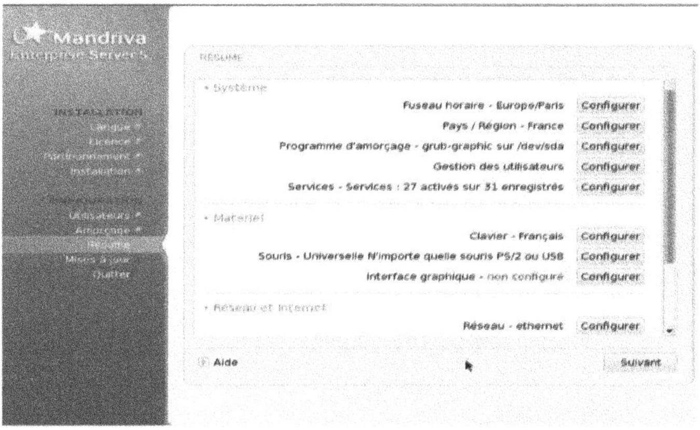

Figure 2.12 : Résumé de l'installation

Diverses informations telle que illustrées sur l'écran de la figure 2.12 sont présentées au sujet de la configuration actuelle. Selon le matériel installé, certaines entrées seront présentes et d'autres pas. Sur chaque ligne apparaît le nom du paramètre suivi de sa valeur actuelle. Cliquez sur le bouton Configurer correspondant pour effectuer un changement.

2.11. Fin de l'installation et premier démarrage

L'installation ainsi terminé, le système redémarre pour les configurations à l'aide de l'outil de configuration qui est mmc wizard. L'écran de la figure 2.13 présente l'écran d'accueil.

Figure 2.13 : Page d'accueil Mandriva Server Setup

CHAPIRE 3 :

CONFIGURATION DE

MANDRIVA DIRECTORY SERVER 5

La configuration du serveur Mandriva Directory server 5 se fait grâce à l'assistant d'installation pour Mandriva Entriprise Server 5 mmc-wizard. Il permet d'installer simplement les fonctionnalités de base du serveur et d'activer des services supplémentaires.

Une fois installé, Mandriva Server Setup est accessible via un navigateur web à l'adresse https:/IP_server_MES5/mmc-wizard/.

3.1. Utiliser Mandriva Server Setup

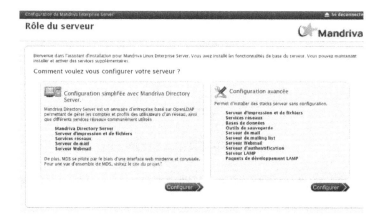

Figure 3.1 : Page d'accueil de l'assistant d'installation de Mnadriva

Comme illustré à l'écran d'accueil Mandriva Server Setup de la figure 3.1, celui-ci est divisé en deux grandes parties :

• Configuration simplifiée avec Mandriva Directory Server: permet d'installer simplement et de configurer automatiquement Mandriva Directory Server, l'annuaire d'entreprise basé sur OpenLDAP. Mandriva Directory Server étant conçue de façon modulable, les différentes parties constituantes de MDS peuvent être choisies. -> voir "Stack Mandriva Directory Server"

• *Configuration avancée*: Vous y retrouverez les stacks middleware/serveur et services communément installés sur des serveurs. Les stacks proposées dans cette partie ont une configuration minimale. De plus, elles ne sont pas automatiquement intégrées à MDS.

3.2. Stacks MDS et configuration simplifiée

3.2.1. Concept général

Mandriva Directory Server est un annuaire d'entreprise basé sur OpenLDAP permettant de gérer les comptes et profils des utilisateurs d'un parc informatique, ainsi que différents services réseaux communément utilisés (Samba, dns, dhcp, mail...).

Pour une utilisation simplifiée, Mandriva Directory Server se pilote par le biais d'une interface web moderne et conviviale. Le chapitre Mandriva Directory Server de cette documentation aborde l'utilisation de l'interface.

Pour une vue d'ensemble de Mandriva Directory Server, visitez le site du projet http://mds.mandriva.org/ .

3.2.2. Installation et configuration

Figure 3.2 : Page d'installation de Mandriva Directory Server

3.2.2.1. Composant principal : Mandriva Directory Server

Les paquets et la configuration de base de Mandriva Directory Server. Coché par défaut, ce composant est nécessaire aux autres modules liés à Mandriva Directory Server.

Lors de l'installation de ce composant, une fenêtre apparait. Cliquez sur le bouton Détails pour visualiser la console.

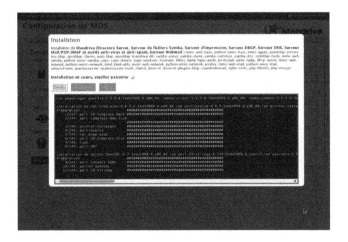

Figure 3.3 : Détails de l'installation: vue console

À l'issue de l'installation, cliquez sur Configurer.

Figure 3.4 : Page de configuration de Mandriva Directory Server

Il vous est alors demandé de renseigner le nom de domaine (par exemple: domain.com) géré par Mandriva Directory Server et un mot de passe d'administration spécifique à Mandriva Directory Server. Celui-ci sera demandé pour toute installation de modules Mandriva Directory Server.

Un récapitulatif de la configuration est ensuite affiché.

Figure 3.5 : Page de résultat de la configuration de Mandriva Directory Server

Suite à la configuration vous pouvez remarquer que l'interface du MDS est accessible via l'URL http://IP_serveur_MES5/mmc/. L'utilisateur administrateur du MDS est root.

Si vous ne pouvez pas vous connecter à l'interface MDS depuis un autre poste que le serveur, vérifiez que votre firewall autorise les requêtes de type "web" (ports 80 et 443).

Voici la liste des paquets installés par ce composant :

- mmc-web-base

35

- python-mmc-base
- mmc-agent
- openldap-servers
- nss_ldap
- openldap-clients

3.2.2.2. Serveur d'impression et de fichiers

Ce composant contient les paquets et la configuration du module Mandriva Directory Server permettant d'administrer les partages de fichiers et d'imprimantes pour les réseaux Microsoft.

3.2.2.2.1. Serveur de fichiers Samba

Lors de la configuration il vous sera demandé de renseigner le nom de domaine Samba ainsi que le nom du serveur Samba dans le domaine Microsoft. Enfin, il faut définir un mot de passe administrateur Samba.

Le service Samba est configuré en tant que contrôleur de domaine principal pour votre réseau Microsoft. Des machines clientes Windows pourront se joindre au domaine que vous spécifiez lors de l'étape de configuration. L'utilisateur "admin" créé lors de l'installation vous permettra d'administrer le domaine.

Pour que vos utilisateurs puissent s'authentifier sur le domaine, ils doivent appartenir au groupe "Domain Users". Après l'installation de ce composant, tous les utilisateurs nouvellement créés seront placés automatiquement dans le groupe "Domain Users".

Voici la liste des paquets installés pour le serveur de fichiers Samba :

- samba-server
- samba-client

- samba-common
- samba-doc
- smbldap-tools
- mmc-web-samba
- python-mmc-samba

3.2.2.2.2. Serveur d'impression Cups

Le serveur d'impression Cups permet de partager les imprimantes que vous installez sur votre serveur.

Voici la liste des paquets installés pour le serveur d'impression Cups :

- cups
- cups-drivers
- cups-windows
- foomatic-filters
- hplip-hpijs-ppds
- postscript-ppds
- hplip

3.2.2.3. Services réseaux

Ce composant contient les paquets et la configuration du module Mandriva Directory Server permettant de créer et de gérer un LAN (zones DNS et sous-réseaux DHCP).

Lors de la configuration du module de serveur DNS, vous pouvez configurer les réseaux qui pourront faire des requêtes récursives sur votre DNS. Une requête récursive a pour objet un nom de domaine d'une zone que votre serveur DNS ne connait pas. Le serveur DNS doit alors contacter d'autres serveurs DNS pour résoudre la requête.

Pour ce qui est de la résolution des zones configurées sur votre serveur DNS, il n'y a pas de restriction concernant l'origine des clients.

Vous pouvez également spécifier de faire suivre toutes les requêtes DNS externes vers un autre serveur DNS. Votre serveur DNS ne résoudra alors que les zones que vous avez configuré.

Le composant DHCP ne nécessite aucune configuration dans le Mandriva Serveur Setup.

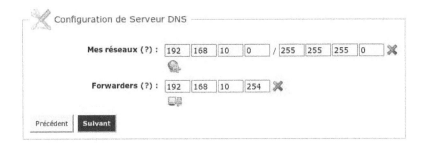

Figure 3.7 : Page de configuration du service DNS

Les paquets installés pour ces composants sont :

- **Serveur DHCP.** : dhcp-server, mmc-web-network, python-mmc-network
- **Serveur DNS.** : bind, bind-utils, mmc-web-network, python-mmc-network

3.2.2.4. Serveur de mail

3.2.2.4.1. Serveur Mail/POP/IMAP et outils anti-virus et anti-spam

Ce module installe et configure pour MDS un serveur SMTP (envoi et réception des mails), un serveur POP3/IMAP (consultation des mails) ainsi que des outils de détection des spams et virus. Cette configuration vous permet de gérer autant de domaines mails que vous désirez.

À l'issue de l'installation, il vous sera demandé de renseigner le hostname/FQDN du serveur smtp (par exemple: smtp.domain.com). Spécifiez ensuite quels réseaux sont autorisés à envoyer des mails à travers Postfix, par exemple le réseau local 192.168.0.0 de masque 255.255.255.0.

Choisissez enfin les protocoles que le serveur Dovecot fournira: imap imaps, pop3 pop3s ou à la fois imap imaps et pop3 pop3s.

Pour finir, n'oubliez pas d'ouvrir les ports nécessaires sur le firewall (SMTP: 25, SMTPS: 465, POP3S: 995, IMAPS: 993). Notez que les protocoles IMAP et POP3 en mode non sécurisé ne sont pas actifs sur les interfaces externes.

Les paquets installés pour ce composant sont :

- postfix
- mmc-web-mail
- python-mmc-mail
- amavisd-new
- spamassassin
- spamassassin-tools
- clamd
- dovecot
- dovecot-plugins-ldap

3.2.2.4.2. Serveur Webmail

Cette stack n'est pas directement liée à Mandriva Directory Server. Elle installe le webmail Roundcube, qui permettra à vos utilisateurs d'avoir leur messagerie en ligne. Il suffit d'activer le module mail sur vos utilisateurs depuis l'interface du MDS si ce n'est déjà fait. Les utilisateurs pourront s'authentifier avec le couple mail/mot de passe sur http://IP_serveur_MES5/roundcubemail.

Les paquets installés pour ce composant sont :

- roundcubemail
- sqlite-tools
- php-fileinfo
- php-mcrypt

3.3. Stacks middleware/serveur et services ("Configuration avancée")

3.3.1. Concept général

Cette partie permet d'installer des stacks serveur sans configuration particulière.

Figure 3.8 : Page Stacks serveur

3.3.2. Survol des piles

Serveur d'impression et de fichiers

Serveurs Samba, CUPS et NFS

- Serveur de fichiers Samba

Partage de fichiers et d'imprimantes pour les réseaux Microsoft.

samba-server

samba-client

samba-common

samba-doc

smbldap-tools

samba-winbind

- Serveur d'impression

    Installation et configuration d'imprimantes réseau avec CUPS .

    cups

    cups-drivers

    cups-windows

    foomatic-filters

    hplip-hpijs-ppds

    postscript-ppds

    hplip

- Serveur NFS

    Partage de fichiers par NFS

    nfs-utils

nfs-utils-clients

Services réseaux

Serveurs DHCP, DNS, NTP ou PXE

- Serveur DHCP

  Fourni les paramètres IPs aux machines clientes.

  dhcp-server

- Serveur DNS

  Résolution des noms de machine sur le réseau.

  bind

  bind-utils

- Serveur NTP

  Serveur de temps

  ntp

- Serveur PXE

  Cette option va installer un serveur PXE (Preboot eXecution Environment).

  pxelinux

  tftp

  tftp-server

syslinux

dhcp-server

Bases de données

Insatllation de diverses bases de données relationnelles.

- Serveur MySQL.

  mysql

  mysql-client

  phpmyadmin

- Serveur PostgreSQL.

  postgresql8.3-server

  postgresql8.3-pl

  phppgadmin

- Serveur MySQL-Max

  Serveur MySQL alternatif, compilé avec le support de
  fonctionnalités avancées (tables transactionnelles, etc.).

  mysql-Max

  mysql-client

  phpmyadmin

- SQLite

Outils en ligne de commandes pour manager la librairie libsqlite.

sqlite-tools

phpsqliteadmin

Serveur de mail

Serveur de courrier électronique, avec accès POP/IMAP et Webmail.

- Serveur Postfix

  Serveur de mail

  postfix

- Anti-virus and anti-spam toolkits

  Installation de AMaVis, ClamAV and SpamAssassin.

  amavisd-new

  spamassassin

  spamassassin-tools

  clamd

- Serveur POP/IMAP

  Au choix:

  Serveur POP/IMAP Cyrus

  cyrus-imapd

  cyrus-imapd-utils

cyrus-sasl

libsasl2-plug-plain ou lib64sasl2-plug-plain

libsasl2-plug-login ou lib64sasl2-plug-login

Serveur POP/IMAP Dovecot

dovecot

dovecot-plugins-ldap

Serveur POP/IMAP CourierImap

courier-imap

courier-base

- Serveur de mailing list

Installation de Sympa.

sympa

- Serveur Webmail

Installation du webmail roundcube.

roundcubemail

sqlite-tools

Serveur d'authentification

Un serveur LDAP ou Kerberos pour l'identification des utilisateurs.

- LDAP pour l'authentification des utilisateurs.

OpenLdap pour l'authentification des utilisateurs.

openldap-servers

nss_ldap

openldap-clients

pam_ldap

openldap-mandriva-dit

- Authentification Kerberos

Serveur d'authentification Kerberos.

krb5-server

krb5-workstation

- Authentification LDAP + Kerberos

Serveur d'authentification LDAP avec Kerberos.

openldap-servers

nss_ldap

openldap-clients

pam_ldap

openldap-mandriva-dit

krb5-server

krb5-workstation

libsasl2-plug-gssapi ou lib64sasl2-plug-gssapi

Serveur LAMP

Un ensemble d'outils libres pour héberger des sites web dynamiques.

- Serveur HTTP Apache

  Installation d'un Serveur Web.

  apache-base

  apache-mpm-prefork

  apache-conf

  apache-modules

  apache-mod_ssl

- Paquets de développement LAMP (PHP, Perl/CGI)

  Un ensemble d'outils libres pour héberger des sites web dynamiques (langages de script, php modules, ...).

  apache-mod_perl

  apache-mod_php

  php-dom

  php-simplexml

  php-xml

  php-xmlrpc

php-xsl

php-cli

php-mysql

php-pgsql

php-sqlite

Outils de sauvegarde

Bacula est un ensemble de programmes qui vous permet de gérer vos sauvegardes, restaurations ou vérifications de données d'un ordinateur sur un réseau hétérogène.

La version incluse dans Mandriva Enterprise Server 5 est Bacula 3. Pour plus d'informations sur le projet, visitez le site officiel http://www.bacula.org .

- Bacula Director

  Service Bacula Director est le programme qui supervise toutes les opérations de sauvegarde, restauration, vérification et archivage.

  bacula-common

  bacula-dir-common

  bacula-dir-mysql

- Bacula Storage Daemon

  Bacula Storage Daemon Transfère les données et les attributs de fichiers aux média physiques ou aux volumes et les restitue lors de restaurations. Le storage Daemon est responsable des opérations de lecture et d'écriture sur vos cartouches (ou autres média de stockage).

bacula-sd

- Bacula File Daemon

Bacula File Daemon est l'application à installer sur les machines clientes à sauvegarder. Elle est chargée de fournir les attributs des fichiers et les données requis par le Director.

bacula-fd

3.4. Limiter l'accès au Mandriva Server Setup

Après avoir configuré votre serveur avec le Mandriva Server Setup nous vous conseillons de limiter son accès étant donné que ce service peut accéder à des parties sensibles de votre système. Pour cela, deux méthodes peuvent être employées.

3.4.1. Désactiver le servive mmc-wizard

En désactivant le service mmc-wizard, vous empêchez quiconque d'effectuer des opérations sur votre serveur via l'interface de configuration.

Pour désactiver le service vous pouvez utiliser le centre de contrôle Mandriva (MCC) en vous rendant dans la section Système->Gérer les services, ou bien en lancant depuis une ligne de commande en root, l'outil drakxservices. Arrêtez le service manuellement et décochez l'option "Au démarrage".

3.4.2. Interdire l'accès à l'interface Web de configuration depuis le réseau

Cette méthode à l'avantage de laisser le service mmc-wizard actif, mais il ne pourra être utilisé uniquement que depuis le serveur. Toute connexion depuis un poste du réseau sera refusée.

Pour cela, éditez le fichier /etc/httpd/conf/webapps.d/mmc-wizard.conf et remplacez la ligne

Allow from all

par

Allow from 127.0.0.1
  Deny all

CHAPITRE 4 :

MANIPULATION DE

MANDRIVA DIRECTORY SERVER 5

Mandriva Enterprise Server 5 propose un certain nombre d'outils graphiques qui vous apporteront une aide précieuse pour la configuration du système et des services. Nous vous présentons rapidement deux d'entre eux : Centre de contrôle Mandriva Linux et Mandriva Server Setup. L'objectif de ce chapitre est d'approfondir la configuration du système et des services peu importe le mode de gestion (outil graphique ou ligne de commande).

4.1. Utiliser le Centre de contrôle Mandriva

Le Centre de contrôle Mandriva Linux permet à l'administrateur système de configurer le matériel et les services utiles à tous les utilisateurs.
Accédez au Centre de contrôle Mandriva Linux par le menu principal dans Système+Configuration - Configurer votre ordinateur.

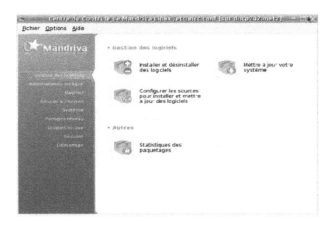

Figure 4.1 : **Fenêtre principale du centre de contrôle**

Voici maintenant quelques-unes des entrées de menu disponibles :

• **Options - Affichage des journaux.** Cette option permet d'afficher une fenêtre

52

Actions des outils au bas de la fenêtre principale. Ce cadre affichera toutes les actions prises par les différents outils de configuration lancés depuis le Centre de contrôle Mandriva Linux.

• **Options - Mode expert.** Vous donne accès aux outils avec des options plus avancées.

• **Profils.** Vous permet de sauvegarder des profils de configuration.

• **Aide - Aide.** Ouvre le navigateur d'aide et affiche de la documentation sur cet outil de configuration.

• **Aide - Signaler un bogue.** Ouvre un dialogue pour vous permettre de signaler une erreur à l'équipe de développement.

Les outils sont classés selon différentes catégories. Nous citons ci-dessous tous les outils avec la référence vers la section du manuel correspondante.

4.2. Gestion des comptes utilisateurs

La base des comptes utilisateurs est contenue dans l'annuaire LDAP de Mandriva Directory Server. Cet annuaire contient toutes les propriétés (ou champs) associées aux comptes utilisateurs.

4.2.1. Liste des comptes utilisateurs

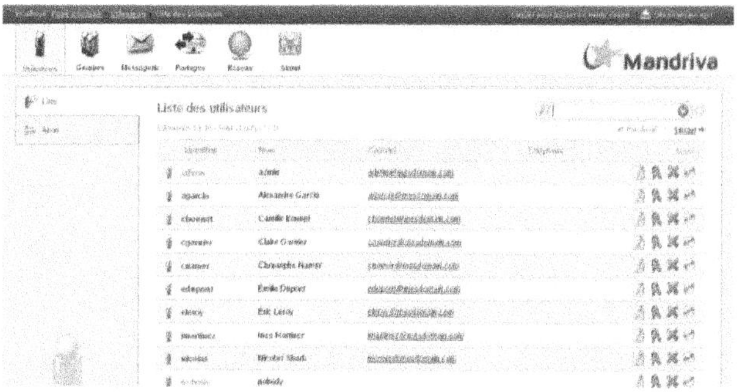

Figure 4.2 : Liste des comptes utilisateurs

53

La liste des comptes utilisateurs comporte quatre colonnes :

• **Identifiant** : le nom utilisé pour que l'utilisateur se connecte

• **Nom d'utilisateur** : le prénom et le nom de l'utilisateur

• **Répertoire utilisateur** : l'emplacement sur le disque dur du serveur du répertoire de stockage personnel de l'utilisateur

• **Actions** : il s'agit des actions disponibles sur ce compte utilisateur. Dans l'ordre, elles correspondent à Modifier le compte, Modifier les droits d'accès, Supprimer le compte et Faire une sauvegarde du répertoire personnel.

4.2.2. Ajouter un compte utilisateur

Pour ajouter un compte utilisateur, cliquez sur l'onglet Ajout. La page correspondante s'affiche alors.

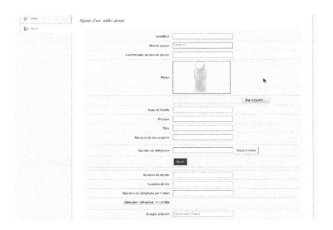

Figure 4.3 : Ajout d'un compte utilisateur

Cette page permet de renseigner les propriétés de compte de base, suivi éventuellement d'autres propriétés selon les modules Mandriva Management Console installés et activés.

Les propriétés de compte de base doivent toujours être renseignées. Ensuite, selon les ressources que l'on souhaite mettre à disposition de l'utilisateur, les autres propriétés devront être renseignées. Veuillez vous référer aux chapitres correspondant aux modules gérant ces propriétés. Les autres propriétés pourront être renseignées à tout moment après l'ajout du compte.

Les propriétés de comptes de base sont les suivantes :

• Identifiant : nom utilisé par l'utilisateur pour se connecter

• Nom : nom de famille de l'utilisateur

• Prénom : prénom de l'utilisateur

• Mot de passe, Confirmer le mot de passe : ces deux champs doivent contenir le mot de passe de l'utilisateur. Lorsque les mots de passe sont tapés, les caractères sont remplacés par des étoiles

• Adresse de messagerie : adresse email de l'utilisateur. Si l'annuaire est couplé à un webmail (tel roundcube), l'adresse renseignée est l'adresse email principale de réception d'emails de l'utilisateur

• Numéro de téléphone : numéro de téléphone de l'utilisateur

• Utilisateur désactivé, si cochée : permet de désactiver le compte UNIX de l'utilisateur, afin qu'il ne puisse plus ouvrir de session UNIX. Dans les faits, l'interpréteur de commande (voir plus bas) de l'utilisateur est positionnée automatiquement à /bin/false. La désactivation de compte UNIX n'affecte en rien l'état d'activation des autres types de propriétés du compte.

Pour les identifiants d'utilisateurs, il est recommandé d'utiliser uniquement des minuscules, et de suivre un schéma de nommage cohérent pour tous les utilisateurs. Par exemple, un site peut décider que les identifiants seront le nom des utilisateurs, ou le nom précédé ou suivi de la première lettre de leur prénom.

4.2.3. Supprimer un compte utilisateur

Pour supprimer un compte utilisateur, cliquez sur la croix rouge dans la zone d'actions d'un compte utilisateur. Un popup s'affiche, et il vous est alors demandé si vous voulez supprimer définitivement les fichiers de l'utilisateur.

4.3. Gestion des groupes d'utilisateurs

Les groupes servent à regrouper des utilisateurs afin de leur attribuer des droits communs. Un utilisateur peut appartenir à un ou plusieurs groupes.

4.3.1. Ajouter un groupe

Pour ajouter un groupe, cliquer sur l'onglet Ajout.

Figure 4.4 : Liste des groupes d'utilisateurs

Entrez le nom d'un groupe dans l'entrée de texte proposée, puis de cliquer sur le bouton Créer.

4.3.2. Editer les membres d'un groupe

Dans la liste des groupes, cliquez sur l'icône d'édition d'un groupe.

Figure 4.5 : Édition des membres d'un groupe

La page d'édition des membres du groupe s'affiche alors et est divisée en deux colonnes :

• La colonne de gauche est la liste de tous les utilisateurs enregistrés dans l'annuaire LDAP

• la colonne de droite est la liste courante des membres du groupe.

Grâce aux deux flèches rouges situées entre les deux listes, les utilisateurs sont ajoutés ou retirés du groupe. Il est possible de sélectionner plusieurs utilisateurs simultanément en faisant un clic droit avec la souris et en passant sur les utilisateurs simultanément. Une sélection discontinue est possible en cliquant sur les utilisateurs et en appuyant en même temps sur la touche « Ctrl» (Control) de votre clavier.

4.3.3. Supprimer un groupe

Dans la liste des groupes, cliquez sur l'icône de suppression d'un groupe, en forme de croix rouge.

4.4. Service du Partages Samba

Samba met à disposition de postes Windows® des services de partages de ressources (fichiers, imprimantes, etc.) et d'authentification. La version de Samba disponible sur Mandriva Directory Server possède toutes les fonctionnalités d'un Contrôleur de Domaine Primaire Windows® NT4. Le module Samba est disponible en cliquant sur l'onglet Partages.

La Mandriva Management Console permet de configurer les principaux aspects du serveur Samba de Mandriva Directory Server :

• Controleur de domaine : Mandriva Directory Server peut faire office de contrôleur de domaine et ainsi gérer des comptes utilisateurs et machines d'un domaine Windows®, à la place d'un serveur Windows® NT4.

• Serveur de fichiers : la Mandriva Management Console permet de créer des dossiers partagés sur Mandriva Directory Server, accessibles ensuite via des postes Windows®.

4.4.1. Gestion de comptes utilisateurs Samba

Les comptes utilisateurs Samba sont équivalents à des comptes utilisateurs Windows®. Si le Mandriva Directory Server est utilisé en tant que contrôleur de domaine (PDC) Windows®, il est possible d'ajouter aux comptes utilisateurs des propriétés de compte Samba pour les transformer en comptes utilisateurs Windows®. Ainsi, les utilisateurs pourront se connecter sur le domaine Windows® et accéder aux ressources disponibles sur le domaine.

4.4.1.1. Ajout d'un utilisateur Samba

Aller dans le module Utilisateurs, et cliquer sur Ajout. Renseigner les propriétés de base de l'utilisateur comme expliqué dans le chapitre de gestion des utilisateurs, puis cocher la case Accès SAMBA.

Il est aussi possible d'ajouter les propriétés Samba à un utilisateur déjà existant.

Figure 4.6 : Propriétés Samba

La fenêtre des propriétés Samba affiche deux cases à cocher :

• **Utilisateur désactive :** si elle est cochée, l'utilisateur ne peut alors plus se connecter sur le domaine Windows® et utiliser les ressources mises à disposition par Samba.

• **Utilisateur verrouille :** selon la configuration de Samba, il est possible que dans certains cas le compte Samba d'un utilisateur soit verrouillé. Par exemple, s'il s'est trompé plusieurs fois en tapant son mot de passe. Dans ce cas, son compte est verrouillé temporairement et il ne peut plus se connecter.
Décochez alors cette case pour qu'il puisse se connecter à nouveau.

En mode expert, les champs supplémentaires suivants sont disponibles : Chemin du profil de l'utilisateur, Script d'ouverture de session, Chemin du répertoire de base et Connecter le répertoire de base au lecteur réseau.

Ces champs sont généralement configurés une fois pour toute pour le domaine, dans les options générales de Samba. S'ils sont laissés vides, les options générales seront utilisées. Il y a donc rarement besoin de les remplir.

4.4.1.2. Suppression d'un utilisateur Samba

Dans la page d'édition de l'utilisateur, il suffit de décocher la case Accès SAMBA et valider. L'utilisateur ne pourra alors plus accéder aux ressources disponibles sur le domaine.

4.4.2. Gestion des partages Samba

4.4.2.1. Ajouter un partage

Figure 4.7 : Ajouter un partage

Pour ajouter un partage sur le réseau, allez sur l'onglet Ajouter un partage. Les champs suivants doivent alors être renseignés :

• **Nom** : nom du partage tel qu'il est disponible sur le réseau Windows®.

• **Commentaires** : ce texte sera visible depuis les clients Windows® lorsqu'ils consulteront les partages disponibles sur le serveur Mandriva Directory Server.

• **Antivirus sur ce partage** : active ou non l'analyse antivirus des fichiers ouverts sur ce partage. Les fichiers vérolés seront alors placés dans une zone de quarantaine.

• **Permissions** : droit d'accès au partage. Il faut choisir les groupes d'utilisateurs qui auront accès en lecture et en écriture sur le partage. Si la case Tout le monde est cochée, les utilisateurs ne faisant pas parti des groupes d'utilisateurs sélectionnés pourront aussi accéder au partage. Dans le cas contraire, seuls les membres des groupes sélectionnés pourront l'utiliser.

4.4.2.2. Editer un partage

Pour éditer un partage, il faut cliquer sur l'icône d'édition dans la liste des partages dans la zone d'actions d'un partage.

Une page similaire à la création de partage s'affiche. Une fois les modifications faites, cliquez sur Modifier pour les appliquer.

4.4.3. Gestion des machines

Si SAMBA est configuré en tant que PDC (Contrôleur Primaire de Domaine), il est possible de gérer les machines inscrites dans le domaineWindows® dont il est le maître.

Les comptes machines sont similaires aux comptes utilisateurs, et sont enregistrés dans l'annuaire LDAP du Mandriva Directory Server.

4.4.3.1. Ajouter une machine sur le domaine

Quand une machine est inscrite dans le domaine, les utilisateurs peuvent alors l'utiliser pour se connecter au domaineWindows®. Ainsi, ils auront accès à toutes les ressources partagées disponibles dans le domaine.

Figure 4.8 : Ajouter une machine

Pour ajouter une machine sur le domaine depuis l'interface Mandriva Management Console, cliquez sur Ajouter une machine.

Renseignez alors les champs suivants :

• **Nom de machine** : nom NETBIOS de la machine sur le domaineWindows

• **Commentaires :** commentaires associés à la machine.

Enfin, cliquez sur Ajouter pour inscrire la machine sur le domaine.

4.4.4. Options générales de Samba

L'onglet Options générales permet de modifier les options principales du serveur Samba.

Figure 4.9 : configuration de Samba

Les éléments de configuration suivants sont disponibles :

• **Ce serveur est un PDC** : si cette case est cochée, Samba simule le fonctionnement d'un contrôleur de domaine Windows® NT4 (PDC). Il s'annonce alors sur le réseau en tant que PDC, et fournit à tous les membres du domaine les services associés à cette responsabilité.

• **Partager les répertoires utilisateurs** : si cette case est cochée, lorsqu'un utilisateur

Samba visualise les partages disponibles sur le serveur, il verra un partage dont le nom est identique à son identifiant, et dont le contenu est son répertoire personnel.

• **Nom du domaine** : domaine sur lequel est situé le serveur Samba. Si le serveur est un PDC, il s'agit du domaine que contrôle le PDC.

Nom du serveur : nom NETBIOS du serveur Samba. Le serveur sera visible avec ce nom dans le domaine.

En mode expert, les mêmes champs que pour le mode expert des propriétés Samba d'un utilisateur sont disponibles : Chemin du profil de l'utilisateur, Script d'ouverture de session, Chemin du répertoire de base et Connecter le répertoire de base au lecteur réseau.

4.5. Services Réseau

Le module DNS/DHCP du Mandriva Directory Server permet de créer et de gérer pour un LAN :

• **des zones DNS** : enregistrement de type NS, A et CNAME, avec gestion automatique des zones inverses.

• **des sous-réseaux DHCP** : configuration, d'hôtes à IP statique, et intervalle d'IP dynamique.

Il est aussi possible de lier une zone DNS et un sous-réseau DHCP ensemble. Ainsi, la création d'un hôte statique dans un sous-réseau DHCP déclenchera automatiquement la création d'un enregistrement de type A dans la zone DNS associée.

Les zones DNS et les configurations DHCP sont stockées dans l'annuaire.

4.5.1. Interface de configuration des services réseau

Figure 4.10 : **Interface de configuration des services DNS/DHCP**

Le module réseau du Mandriva Directory Server présente cinq onglets dans la partie gauche de l'interface :

• Les deux premiers sont dédiés à la gestion du module DNS

• Les deux suivants sont dédiés à la gestion du module DHCP

• Le dernier permet de gérer l'état des différents services gérés par ce module.

Comme dans toutes les pages du Mandriva Directory Server contenant des listes, il sera possible de faire une recherche dynamique à l'aide du champ situé en haut à droite.

Notons également que certains éléments de l'interface ne sont disponibles qu'en mode expert.

4.5.2. Gestion du DNS

4.5.2.1. Ajout d'une zone

Pour ajouter la gestion d'une zone sur le serveur DNS, cliquez sur l'onglet Ajout d'une zone DNS sur la gauche.

Figure 4.11 : Ajout d'une zone DNS

La page ci-dessus présente les informations de base nécessaire a la création de la zone DNS :

- **FQDN de la zone DNS** : il s'agit du nom de la zone proprement dit.

- **Description** : c'est un champ texte qui permet d'associer une description à la zone.

- **Nom d'hôte du serveur de nom** : nom DNS du serveur qui sera enregistré dans l'entrée NS de la zone.

- IP du serveur de nom : saisir ici l'adresse IP du serveur DNS. Cette IP sera associée au nom renseigné dans le champ précédent.

Cette page offre également la possibilité de créer un sous-réseau DHCP associé à cette zone DNS.

Si vous désirez gérer les services conjointement, vous pouvez alors renseigner les champs suivants :

- **Adresse réseau :** Adresse du réseau servi par le DHCP associé à la zone.

- **Masque réseau :** Masque de sous-réseau.

- **Gérer aussi une zone DNS inverse :** En sélectionnant cette option, la zone inverse associée au réseau sera gérée de manière transparente parallèlement à la zone standard.

- **Créer aussi un sous-réseau DHCP associe :** En sélectionnant cette option, la zone DNS et le sous-réseau seront liés et pourront être gérés conjointement.

Après validation, la zone qui vient d'être créée est visible directement en cliquant sur le bouton Zones DNS sur la gauche de l'écran.

La liste affichée présente alors l'ensemble des zones enregistrées dans le Mandriva Directory Server :

Figure 4.12 : Liste des zones DNS gérées par Mandriva Directory Server

On retrouve dans cette liste le nom de la zone, sa description et éventuellement l'adresse du réseau associé. À droite de chaque ligne on retrouve quelques boutons permettant de gérer cette zone.

4.5.2.2. Suppression d'une zone

La suppression d'une zone se fait simplement en cliquant sur le bouton se suppression disponible sur la droite dans la liste des zones.

4.5.3. Gestion du DHCP

4.5.3.1. Ajouter/Editer un sous-réseau DHCP

Pour ajouter la gestion d'un sous-réseau DHCP, cliquez sur l'onglet Ajout d'un sous-réseau DHCP sur la gauche.

Figure 4.13 : Ajout d'un sous-réseau DHCP

La page présentée permet de renseigner les informations de base nécessaires à la création du sous-réseau :

• **Adresse du sous-réseau DHCP :** Il s'agit de l'adresse du réseau à créer.

• **Masque de réseau :** Saisir le masque de réseau au format entier (8, 16 ou 24).

• **Description :** C'est un champ texte qui permet d'associer une description au réseau.

Les champs listés ensuite permettent de définir les options qui seront fournies aux clients DHCP :

• **Adresse de discussion** : il s'agit de l'adresse de broadcast que l'on souhaite fournir aux clients.

• **Nom de domaine** : le domaine indiqué dans ce champ sera utilisé par les clients pour suffixer leurs requêtes DNS. Les clients pourront alors utiliser le nom « ntp » au lieu de « ntp.mandriva.com ». Notons qui si le domaine renseigné ici est un domaine défini dans les Zones DNS de Mandriva Directory Server, le sous-réseau DHCP sera automatiquement lié à la cette zone.

• **Routeur** : C'est la passerelle par défaut qui sera fournie aux clients.

• **Serveurs de noms de domaine** : Saisir dans ce champ une liste d'adresses séparées par des virgules pour indiquer les serveurs de noms disponibles sur le réseau.

• **Serveurs NTP** : Saisir dans ce champ une liste d'adresses IP séparées par des virgules pour indiquer les serveurs de temps disponibles sur le réseau.

Il est également possible de définir des options avancées pour le serveur DHCP. Par exemple pour permettre aux machines du réseau de démarrer sur un serveur PXE ou pour modifier les durées des baux DHCP.

L'édition d'un sous-réseau DHCP se fait à l'aide de la même interface. Pour éditer un sous-réseau existant, cliquez simplement sur l'onglet Sous-reseau DHCP puis cliquez sur le bouton d'édition correspondant au sous-réseau à modifier.

4.5.3.2. Configuration d'un intervalle d'IP dynamique

Pour les machines qui ne sont pas encore enregistrées dans votre Mandriva Directory Server, vous pouvez définir une plage d'adresses dynamiques qui seront servies aux machines dont l'adresse physique (MAC) est inconnue.

Pour cela, cochez simplement la case Plage d'adresses dynamiques pour les clients DHCP non enregistres et indiquez l'adresse de début et de fin de cette plage.

Après validation et redémarrage du service DHCP, les clients recevront une adresse aléatoire appartenant à cette plage dynamique.

4.5.3.3. Ajouter/Modifier une configuration d'hôte statique

Mandriva Directory Server permet également de réserver une adresse IP à une machine particulière en se basant sur son adresse MAC. En utilisant cette méthode, le client dispose des avantages d'une IP attribuée par DHCP (facilité de configuration, distribution de paramètres, ...) et conserve toujours la même adresse IP.

Pour enregistrer cette réservation d'adresse, suivez la procédure ci-dessous :

• Cliquez sur l'onglet Sous-réseaux DHCP à gauche.

• Cliquez sur le nom du réseau à éditer.

• Cliquez sur le bouton Ajouter un hôte statique.

Vous pouvez alors enregistrer un couple adresse MAC/adresse IP ainsi que certaines options spécifiques à cette machine (facultatif) comme indiqué sur l'écran ci-dessous :

Figure 4.14 : Ajout d'un hôte statique (réservation d'adresse)

69

Dans l'exemple présenté, la machine « mdv-cd4 » d'adresse MAC00:0C:29:21:67:E1 recevra toujours l'adresse IP 192.168.190.2 par DHCP.

4.5.3.4. Transformer une configuration dynamique en configuration statique

L'inconvénient de la méthode présentée dans le paragraphe précédent est qu'il faut connaître l'adresse physique (MAC) de la machine. Pour contourner ce problème, Mandriva Directory Server offre la possibilité de transformer un bail provenant de la plage dynamique en bail statique. Ainsi vous pouvez enregistrer une machine dans le DHCP, sans même saisir son adresse MAC.

Pour effectuer cette transformation, suivez la procédure suivante :

• Cliquez sur l'onglet Sous-réseaux DHCP à gauche.

• Cliquez sur le nom du réseau à éditer.

L'écran présenté affiche alors la liste des hôtes statiques et la liste des machines ayant reçu une adresse de la plage dynamique.

Figure 4.15 : Transformation d'un hôte dynamique en hôte statique

4.5.3.5. Supprimer une configuration statique

Pour supprimer une réservation d'adresse et que la machine obtiennent une adresse IP appartenant à la plage d'adresses dynamiques, il suffit de cliquer sur le bouton de suppression disponible en face de la machine dans la liste des hôtes du sous-réseau.

Figure 4.16 : Suppression d'un hôte statique

4.5.3.6. Supprimer un sous-réseau DHCP

La suppression d'un sous-réseau DHCP se fait simplement en cliquant sur le bouton disponible sur la droite dans la liste des sous-réseaux.

4.5.4. Gestion des services
4.5.4.1. Arrêt et démarrage

Le module fournit une interface permettant de gérer l'état des différents services gérés.

Figure 4.17 : Gestion des services DNS et DHCP

Il est possible de stopper et de démarrer chaque service à l'aide des boutons stop et play. Pour recharger le service, cliquer simplement sur le bouton de rechargement.

4.5.4.2. Visualisation des journaux

En mode expert, le module offre une interface de visualisation des journaux de chaque service. Cette interface est accessible via le bouton loupe dans la page de gestion des services ou a travers l'onglet Journaux dans la menu supérieur.

Notons que l'affichage des journaux est automatiquement actualisé.

Figure 4.18 : Visualisation des journaux DNS

4.6. Gestion des groupes d'ordinateurs
4.6.1. Définition des groupes

Le mode parallèle de Rpmdrake permet de gérer les paquetages de manière globale sur tout un groupe de machines. Cela simplifie sensiblement l'administration d'un grand nombre de machines comme un réseau local. Assurez-vous que les paquetages park-rpmdrake, urpmi-parallel-ssh et urpmi-parallel-ka-run sont installés.

Une fois l'application ouverte, utilisez le bouton Nouveau groupe pour créer un nouveau groupe de machines : choisissez lui un Nom, sélectionnez le Protocole

à utiliser (ssh dans notre exemple), puis cochez les réseaux à scanner (pour détecter les machines) ou ajoutez de nouveaux réseaux (par défaut, seul le réseau local est listé). Cliquez enfin sur Scan.

Attendez la fin du scan réseau, puis cochez les hôtes à incorporer au groupe.

Figure 4.19 : **Ajouter des machines à un groupe**

Le mot de passe root vous est alors demandé pour chacun des hôtes sélectionnés.

4.6.2. Gestion des paquetages du groupe de machines

Il suffit de sélectionner le groupe à gérer puis presser le bouton Utiliser le groupe. Vous pouvez alors installer des paquetages sur tous les hôtes du groupe comme vous le feriez pour une seule machine.

Il est aussi possible d'utiliser la ligne de commande :

urpmi --parallel <group_name> <package_name>

En utilisant urpmi --parallel Conception gimp, vous installerez GIMP sur tous les ordinateurs faisant partie du groupe Conception.

Pour supprimer un paquetage d'un groupe de machines, utilisez :

urpme --parallel <group_name> <package_name>

Par exemple, lancez urpme --parallel Conception gcc pour enlever le compilateur C des machines du même groupe.

4.7. Outils de gestion des logiciels

Une fois l'installation de votre serveur complété, vous aurez sans doute besoin d'installer ou d'enlever des logiciels. Avec Mandriva Enterprise Server 5, vous avez deux options pour accomplir ces tâches : en mode graphique avec Rpm-drake (voir Section 4.7.2) ou en mode texte. La dernière option se compose de urpmi pour l'installation et la mise à jour, de urpme pour retirer des paquetages RPM, urpmf et urpmq pour faire des recherches dans la base de données RPM. Ces logiciels sont également la fondation dernière Rpmdrake.

4.7.1. Configuration d'un dépôt local

Pour faciliter les installations de paquetages logiciels, il est possible de créer un dépôt de paquetages directement sur le disque dur de votre serveur.

4.7.1.1. Configuration d'un dépôt local en mode graphique

La procédure de configuration d'un dépôt local avec des outils graphiques est la suivante.

• Insérer le CD/DVD d'installation.

• Une icône représentant le media apparaît sur le bureau. Double-cliquer sur celle-ci pour explorer le contenu du DVD.

• Copier le répertoire i586 (ou x86_64) sur votre disque dur à l'emplacement désiré.

• Une fois que la copie est terminée, lancer le Centre de Contrôle Mandriva Linux.

• Cliquer sur Configurer les sources pour installer et mettre a jour les logiciels

• Dans Fichier, choisir Ajouter un media personnalisé.

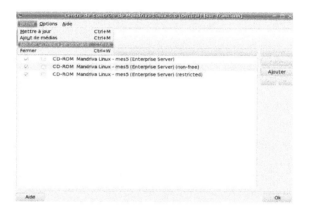

Figure 4.20 : Ajout de dépôts

• Cliquer sur Ajouter et puis remplir les cases

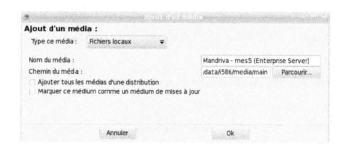

Figure 4.21 : Ajout d'un dépôt personnalisé

Il ya trois dépôts à configurer :

- media main

nom du media : Mandriva - mes5 (Enterprise Server)

Chemin du media: /data/i586/media/main/

- media non-free

nom du media : Mandriva - mes5 (Enterprise Server) non-free

Chemin du media: /data/i586/media/non-free/

- media restricted

nom du media : Mandriva - mes5 (Enterprise Server) restricted

Chemin du media: /data/i586/media/restricted/

• Désactiver les medias CDROM : décocher la case active.

4.7.1.2. Configuration d'un dépôt local en mode ligne de commande

Voici comment procéder pour configurer un dépôt local en ligne de commande.

• Insérer le CD/DVD d'installation.

• Le CD/DVD est monté dans /mnt/cdrom

• Copier le répertoire i586 (ou x86_64) sur votre disque dur (par exemple dans /data): cp -r /media/cdrom/i586 /data/

• Supprimer les anciens media: urpmi.removemedia -a

• Ajouter les medias:

urpmi.addmedia "Mandriva - mes5 (Entreprise Server) main"
file://data/i586/media/main

urpmi.addmedia "Mandriva - mes5 (Entreprise Server) non-free"
file://data/i586/media

urpmi.addmedia "Mandriva - mes5 (Entreprise Server) restricted"
file://data/i586/media

• Mettre à jour les medias ajoutés: urpmi.update –a

4.7.2. Gestion des logiciels avec Rpmdrake

Bien qu'étant conçu pour le mode texte, les outils Rpmdrake peuvent aussi être utilisés en mode graphique. Ils se composent de plusieurs parties accessibles en choisissant une des entrées du menu principal Systeme+Configuration+Paquetages ou directement en cliquant sur Gestionnaire de logiciels dans le Mandriva Linux Control Center.

Il est fortement recommané d'accéder à Rpmdrake via le Mandriva Linux Control Center.

Figure 4.22 : Gestion d'applications dans le Centre de contrôle Mandriva Linux

4.7.2.1 Installer des logiciels

Au démarrage, Rpmdrake effectue une recherche dans la base de données de paquetages disponibles. Puis, l'interface Installation de paquetages logiciels s'affiche.

Figure 4.23 : Installation des paquetages logiciels

La fenêtre se divise en quatre zones : la partie supérieure offre plusieurs options pour afficher la liste des paquetages disponibles. Cette liste se trouve au milieu à gauche. À sa droite s'affiche la description du paquetage sélectionné.

Enfin, le bas de la fenêtre comprend la barre d'état avec deux boutons et des informations sur la taille des paquetages sélectionnés par rapport à la place disponible sur votre système.

4.7.2.1.1 Sélection des paquetages à installer

Dans, Figure 4.4, le paquetage nommé samba-3.2.7-0.3mdv2009.0 est sélectionné dans la vue arborescente. Dans la zone de description, on retrouve l'espace disque nécessaire, un intitulé (« Samba (SMB) server programs »), suivi d'une description détaillée. Remarquez que la description peut être en anglais.

La barre d'état vous informe de l'espace disque requis pour l'installation des paquetages que vous avez sélectionnés ainsi que l'espace disponible. Remarquez que l'espace requis peut être supérieur à la taille du paquetage en lui même. Ceci est dû à la nécessité d'installer ses dépendances.

Lancez l'installation en cliquant sur Installer. Une nouvelle fenêtre apparaît montrant la progression du processus d'installation. Si vous préférez quitter en n'installant aucun logiciel, utilisez Quitter.

Pendant la sélection, il se peut que vous choisissiez un paquetage qui a lui même besoin d'autres paquetages (bibliothèques ou autres nécessaires à son bon fonctionnement). Dans ce cas, Rpmdrake affiche un avertissement présentant la liste des paquetages nécessaires (dépendances). Vous pouvez soit accepter, soit Annuler l'installation comme illustré a la Figure 4.5.

Figure 4.24 : Rpmdrake — alerte de dépendances

Il peut aussi arriver que plusieurs paquetages différents soient en mesure de fournir une même dépendance. La liste de tous les choix susceptibles de convenir vous sera alors proposée. Lisez les descriptions des options en cliquant sur les boutons Info et choisissez celui qui vous semble convenir le mieux.

Nous allons maintenant voir les fonctionnalités de recherche et de tri facilitant votre tâche d'administrateur :

4.7.2.1.2. Recherche d'un paquetage

Pour trouver un logiciel, entrez le nom (entier ou partiel), ou un mot en rapport avec ce paquetage dans le champ à côté du bouton Chercher. Puis choisissez où vous pensez que ce mot peut se trouver (dans le nom du paquetage, sa description, ou parmi les noms des fichiers contenus dans le paquetage).

Cliquez sur Chercher et une nouvelle liste (Résultats de la recherche) apparaît, vous affichant les résultats que Rpmdrake a trouvés en interrogeant la base de données de paquetages.

Les différents choix de recherche sont :

Choix Mandriva Linux

Cette présentation reprend celle utilisée lors de l'installation de Mandriva Linux. C'est la plus facile, car seulement les paquetages jugés les plus utiles de la distribution seront affichés.

- Tous les paquetages, classement alphabétique

Au lieu d'une vue arborescente, une liste de tous les paquetages disponibles est présentée.

- Tous les paquetages, par groupe

Arborescence de tous les paquetages triés par groupe fonctionnel (jeux, système, vidéo, etc).

- Tous les paquetages, par taille

Vous obtenez une liste des paquetages triés par taille.

- Tous les paquetages, sélectionnés ou non

Cette présentation est une liste plate où tous les paquetages sélectionnés pour l'installation apparaissent en premier, puis viennent les autres paquetages.

- Tous les paquetages, par média

Une arborescence dans laquelle les paquetages sont classés selon le média auquel ils appartiennent.

- Tous les paquetages, nouveaux ou mis à jour

Dans ce mode, vous obtenez deux branches (si des mises à jour sont disponibles) : la première donne la liste des paquetages disponibles à l'installation, la deuxième affiche les paquetages installés pour lesquels une mise à jour est disponible.

4.7.2.2. Suppression de logiciels

Cette interface est identique à celle que nous venons de voir pour l'installation des paquetages (Section 4.2.2.2.), donc nous ne répéterons pas ici ses fonctions de bases.

4.7.2.3. Mise à jour Mandriva Linux

Lorsque vous lancez Mandriva Linux Update, il vous demande en premier lieu de choisir un « dépôt » sur Internet pour aller chercher les mises à jour. Choisissez-en un situé dans un pays près du vôtre.

Une légère différence par rapport à l'interface d'« installation de paquetages» est que vous pouvez choisir quelle sorte de mise à jour vous souhaitez installer en les groupant de certaines façons. Vous pouvez sélectionner :

- Mises à jour de sécurité

Elles règlent des problèmes de sécurité et doivent être installées en priorité.

- Corrections de bogues

Elles abordent des problèmes de comportement des applications.

- Mises à jour normales

Elles n'apportent que des améliorations mineures.

L'autre différence est la zone de texte supplémentaire (Raison de la mise a jour) sous la description du paquetage. Elle fournit des informations sur la raison de cette mise à jour. Cela peut vous aider à décider si telle ou telle mise à jour est utile ou non. C'est particulièrement utile si vous avez une connexion Internet lente ou si vous payez au volume transféré.

Chapitre 5

COMPARAISON ENTRE MDS 5 ET LES AUTRES

OUTILS DE GESTION DE SERVICES D'ANNUAIRE

En dehors de Mandriva directory Server il existe plusieurs autres outils de gestion de service d'annuaire parmi lesquels :

- Active Directory
- Novell eDirectory
- Mac OS X Server 10.5.7

5.1. Active Directory

Active Directory est la mise en œuvre par Microsoft des services d'annuaire LDAP pour les systèmes d'exploitation Windows. L'objectif principal d'Active Directory est de fournir des services centralisés d'identification et d'authentification à un réseau d'ordinateurs utilisant le système Windows. Il permet également l'attribution et l'application de stratégies, la distribution de logiciels, et l'installation de mises à jour critiques par les administrateurs. Active Directory répertorie les éléments d'un réseau administré tels que les comptes des utilisateurs, les serveurs, les postes de travail, les dossiers partagés, les imprimantes, etc. Un utilisateur peut ainsi facilement trouver des ressources partagées, et les administrateurs peuvent contrôler leurs utilisations grâce à des fonctionnalités de distribution, de duplication, de partitionnement et de sécurisation des accès aux ressources répertoriées.

Le service d'annuaire Active Directory peut être mis en œuvre sur Windows 2000 Server, Windows Server 2003 et Windows Server 2008, il résulte de l'évolution de la base de compte plane SAM.

Active Directory stocke ses informations et paramètres dans une base de données centralisée. La taille d'une base Active Directory peut varier de quelques centaines d'objets pour de petites installations à plusieurs millions d'objets pour des configurations volumineuses.

5.2. Novell eDirectory

Développé par Novell, Novell eDirectory est un service d'annuaire LDAP à la base de bon nombre des plus grands déploiements du monde en matière de gestion des identités. Depuis son lancement, il y a plus de dix ans, eDirectory séduit les clients grâce à son caractère évolutif, compatible, fiable, souple et sécurisé.

En thermes de compétitivité Novell eDirectory vous permet de conserver votre environnement inchangé, tout en étayant la productivité des utilisateurs au sein de leurs environnements respectifs. Outre un grand choix de plates-formes (AIX*, HP-UX*, Linux*, NetWare®, Solaris* et Windows*), eDirectory prend en charge un hôte dédié aux normes émergentes du secteur et aux protocoles de services Web (notamment DSML, SOAP et XML). Ces différentes caractéristiques optimisent les investissements technologiques que vous avez réalisés précédemment, tout en vous libérant de toute dépendance vis-à-vis d'un seul fournisseur.

Cependant, eDirectory assure une continuité opérationnelle optimale et garantit une fiabilité sans faille :

- L'auto-maintenance automatisée détecte et traite les erreurs mineures ordinaires.
- La réplication et la distribution des données assurent un service en continu.
- La réplication multimaître/filtrée/delta offre une reprise immédiate du service après échec.
- Les outils de maintenance manuelle aident vos systèmes à opérer une récupération en cas d'erreurs de données bien plus graves, et ce sans aucune interruption du service.

- Deux niveaux de reprise après sinistre (fonctionnalités traditionnelles et continues de sauvegarde et de restauration) garantissent un retour à la normale dans les meilleurs délais possibles.

Novell eDirectory offre à votre réseau une sécurité multi-couches. Outre son moteur de cryptographie sophistiqué, eDirectory offre une architecture de sécurité incomparable. Par ailleurs, il prend conjointement en charge les caractéristiques biométriques, les cartes à puces, les jetons et les certificats numériques, entre autres. Les administrateurs peuvent ainsi exercer un contrôle précis et réactif sur les utilisateurs et les ressources, ce qui leur permet de sécuriser les données sensibles en bloquant tout accès non autorisé en temps réel.

5.3. Mac OS X Server

Mac OS X Server est le premier système d'exploitation d'Apple basé sur NeXT. Malgré le look Platinum de Mac OS 8, il était basé sur le système d'exploitation NeXTSTEP au lieu de L'OS Mac Classique, ce qui donna aux utilisateurs un aperçu du futur Mac OS X. Cette version est accompagnée de la première version de NetBoot serveur, qui se montra particulièrement utile dans les écoles ou dans les stations de travail à usage public, car il permettait de démarrer à partir d'une unique image disque de L'OS basée sur ce serveur. Ceci empêchait les utilisateurs de détériorer l'OS car aussitôt l'utilisateur déconnecté, la machine rebootait avec un OS "neuf" issue du serveur NetBoot.

On constate que Mac OS X Server a encore un retard considérable et thermes de sécurité et de convivialité par rapport aux systèmes cités plus haut.

CONCLUSION

Le stage que nous avons effectué pendant deux mois à la SOCIETE D'ETUDE ET TRAVAUX nous a permis de mettre en place un domaine sous Mandriva Directory Server 5, domaine qui fonctionne en utilisant les services réseaux, les services de partage samba et les services d'authentification compte tenue des exigences de l'entreprise. Le travail qui nous a été confié a été réalisé en partant de l'acquisition du système d'exploitation par téléchargement, de son installation sur un ordinateur ayant les capacités requises, de la configuration du système, de la manipulation jusqu'à la comparaison de Mandriva Directory Server 5 avec d'autre gestionnaire d'annuaire. Ce stage nous aura aussi permis de nous imprégner des réalités socioprofessionnelles dans une entreprise et d'acquérir de nombreuses connaissances pratiques indispensables à l'édification de notre formation.

Cependant il reste à souligner que ce travail aurai pu être effectué un gestionnaire d'annuaire autre que Mandriva Directory Server 5, comme autre gestionnaire d'annuaire nous pouvons citer Active Directory, Novell eDirectory et enfin Mac OS X Server 10.5.7. La différence entre Mandriva Directory Server 5 et les autres gestionnaires d'annuaires dessus cité est le niveau de sécurité, la convivialité et le nombre de services qu'offre en même temps Mandriva Directory Server 5.

Dans le cadre de notre étude nous nous sommes attelé à présenter la mise en place d'un contrôleur de domaine sous Mandriva Directory Server 5 tout en le comparant aux autres outils de la même catégorie, mais il reste à se demander s'il exister un gestionnaire qui comble tous les attentes des utilisateurs ?

Bibliographie

Enterprise-Server-Manual-FR ;

Loïc Vaillant, Christophe Potigny, Andreas

Hasenack, Rafaël Garcia Suarez, Emmanuel Cohen, Vincent Cuirassier, Anne

Nicolas, Antoine Ginies, Yann Droneaud, Anthoine Bourgeois, Cédric Delfosse,

et Nicolas Perrin ; publié le 30/07/2009 ; 338 pages ; Edition : Mandriva SA 2009

Webographie

www.2mandriva.com, **consulté le 27/08/2010**

Annexe 1

Identification

Dénomination : SOCIETE D'ETUTE ET TRAVAUX

Sigle : SETRA

Siège social :

Douala Bonapriso (entrée face Energy Club)

B.P. : 7233 Douala

Tel. /Fax : 33 43 78 34

E-mail : setra_td@yahoo.fr

Capital et action

Société a responsabilités limitées au capital de 3 000 000 FCFA

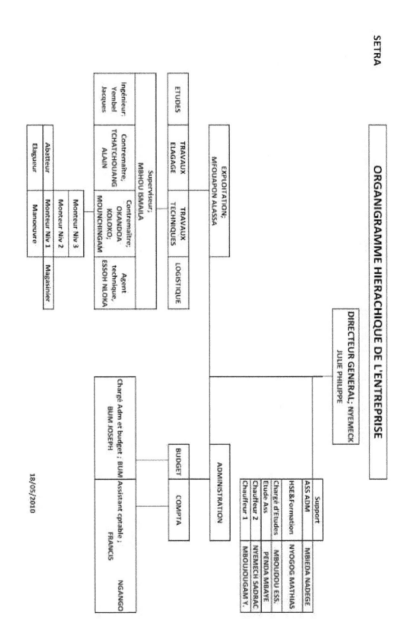

SETRA

ORGANIGRAMME HIERACHIQUE DE L'ENTREPRISE

DIRECTEUR GENERAL: NYEMECK
JULIE PHILIPPE

Support		
ASS ADM	MBIEDA NADEGE	
HSE&Formation	NYOGOG MATHIAS	
Chargé d'Études	MBOUDOU ESS.	
Etude Ass	PENDA MBAYE	
Chauffeur 2	NYEMECH SADRAC	
Chauffeur 1	MBOUDOUGAM Y.	

EXPLOITATION;
MFOUAPON ALASSA

ETUDES

TRAVAUX
ELAGAGE

TRAVAUX
TECHNIQUES

LOGISTIQUE

Ingénieur;
Yembel
Jacques

Superviseur;
MBHOU ISMAILA

Contremaître;
TCHATCHOUANG
ALAIN

Contremaître;
OKANDOA
KOLOKO;
MOUNCHINGAM

Agent
technique,
ESSOH NLOKA

Monteur Niv 3

Monteur Niv 2

Abatteur

Monteur Niv 1

Elagueur

Manoeuvre

Magasinier

ADMINISTRATION

BUDGET

COMPTA

Chargé Adm et budget ; BUM
BUM JOSEPH

Assistant cptable ;
FRANCIS

NGANGO

18/05/2010

90